BEI GRIN MACHT SICH IHR WISSEN BEZAHLT

- Wir veröffentlichen Ihre Hausarbeit, Bachelor- und Masterarbeit

- Ihr eigenes eBook und Buch - weltweit in allen wichtigen Shops

- Verdienen Sie an jedem Verkauf

Jetzt bei www.GRIN.com hochladen und kostenlos publizieren

Beeinflusst Big Data die Gesellschaft in ihrem menschlichen Verhalten?

Chancen und Risiken gesteuerter Verhaltensänderung

Yvonne Berentroth

GRIN ☺

Bibliografische Information der Deutschen Nationalbibliothek:

Die Deutsche Nationalbibliothek verzeichnet diese Publikation in der Deutschen Nationalbibliografie; detaillierte bibliografische Daten sind im Internet über http://dnb.d-nb.de abrufbar.

ISBN: 9783346494290
Dieses Buch ist auch als E-Book erhältlich.

© GRIN Publishing GmbH
Nymphenburger Straße 86
80636 München

Druck und Bindung: Books on Demand GmbH, Norderstedt Germany
Gedruckt auf säurefreiem Papier aus verantwortungsvollen Quellen

Das Buch bei GRIN: https://www.grin.com/document/1128913

Hochschule Fresenius

Fachbereich onlineplus

Studiengang: Digital Business Management & Engineering

Hausarbeit

Beeinflusst Big Data die Gesellschaft in ihrem menschlichen Verhalten?

Yvonne Berentroth

Modul: Data Science Management (M209)

Abgabedatum: 11.02.2021

Inhaltsverzeichnis

Abbildungsverzeichnis

1 Einleitung

Das digitale Zeitalter ist angebrochen. Viele neue Technologien revolutionieren die Welt in unterschiedlichen Geschwindigkeiten. Nicht nur jedes Geschäftsmodell verschiedener Branchen verändert sich, sondern auch das soziale Umfeld wird durch die Digitalisierung einer Disruption unterzogen. Angestoßen wird dies durch zahlreiche Innovationen, vor allem aus dem Informations- und Kommunikationsbereich.

Die Komplexität dieser Technologien wurden bisher noch nicht vollumfänglich verstanden und zahlreiche, weitere Forschungen sind notwendig, damit diese in ihrer Reife genutzt werden können. Big Data ist zwar auch noch eine junge Neuheit, jedoch kann gesagt werden, dass dieses Themengebiet sich bereits in den Unternehmen und im privaten Sektor manifestiert hat. Die Bedeutung von Big Data steigt weiter, welches vor allem durch die Faktoren der steigenden Prozessleistung und durch sinkende Kosten der Speicherkapazität zugeschrieben werden kann. Des Weiteren ist diese Technologie auch Bestandteil in Geräten wie Smartphones, Smart Speaker und viele weitere.

Dadurch stellt sich die Frage, inwiefern das menschliche Verhalten dadurch beeinflusst und auch verändert wird? Welche Bereiche des privaten Lebens betrifft dies? Um dieser Forschungsfrage nachzugehen, ist es zu Beginn wichtig, was unter dem Begriff Big Data verstanden werden kann. Des Weiteren sollen charakteristische Merkmale aufgezeigt und beleuchtet werden.

Darauf aufbauend, sollen im nächsten Kapitel die Bereiche aufgezeigt werden, in welchen privaten Gebieten Berührungspunkte mit Big Data bestehen. Ebenso dessen Auswirkungen sollen genauer betrachtet und untersucht werden. Denn es kann jetzt schon gesagt werden, dass nicht nur bewusst wahrgenommene Instrumente das Verhalten des Menschen beeinflusst, sondern es auch zu unbewussten, jedoch von Unternehmen gewünschten, aktionsauslösenden Einsatz dieser Technologie kommt. Um die Literaturrecherche durch aktuelle Erkenntnisse zu vervollständigen, wurde eine Umfrage durchgeführt, dessen Ergebnisse ebenfalls zur Beantwortung der Forschungsfrage herangezogen werden sollen.

Abschließend soll mittels einer Gegenüberstellung der Chancen und Risiken geklärt werden, ob ein Nachteil für die Verbraucher dadurch zustande kommt, oder ob es sogar positive Aspekte durch den Einsatz von Big – Data – Instrumenten kommt.

Im letzten Kapitel soll ein Ausblick auf die Zukunft gegeben werden, welche mit einer Zusammenfassung der vorherigen Kapitel einhergeht.

2 Big Data – eine technologische Innovation

In diesem Kapitel soll ein Grundverständnis für Big Data geschaffen werden. Zu Beginn wird der Begriff definiert, um darauf aufbauend die wichtigsten Charakteristika zu erläutern.

2.1 Begriffsdefinition

Bereits zahlreiche Autoren und Wissenschaftler haben sich in den letzten Jahren mit dem großen Thema Big Data beschäftigt. Der Begriff taucht derzeit in jeder Branche und auch im privaten Bereich auf. Es kann festgestellt werden, dass die Menge der erhobenen Daten seit 2010 innerhalb von nur zwei Jahren, über zweidrittel der gesamt verfügbaren Daten ausmacht. Hintergrund ist vor allem die Verlagerung der Aktivitäten zunehmend in das Internet. Mit Hilfe dieser können innerhalb der Unternehmen Prozesse effizienter gestaltet werden und gilt als wettbewerbsfähigen Erfolgsfaktor. Es verändert sich die Art und Weise, wie Entscheidungen getroffen werden. Jedoch muss gesagt werden, dass dieser Vorteil nur dann optimal genutzt werden kann, wenn verstanden wird, wie diese Menge an Informationen zu verarbeiten und zu interpretieren sind. Diese Technologie bringt einen großen Schwung in die Gesellschaft. Jedoch gibt es bisher keine allgemein gültige Begriffserklärung (King, 2014, S.20).

King gibt in ihrem Buch einen Überblick über derzeit geltenden Definitionen. Grundsätzlich wird unter Big Data eine große Menge an Daten aus verschiedenen Quellen verstanden, welche in hoher Geschwindigkeit in unterschiedlichen Formaten vorhanden sind (Dorschel, 2015, S. 7; King, 2014, S. 34). Hieraus lassen sich bereits die drei charakteristischen Merkmale ableiten: Volume, Velocity und Variety. Oftmals werden diese um ein viertes V, Veracity, ergänzt. Eine genaue Beschreibung dieser folgt im weiteren Verlauf dieses Kapitels.

2.2 Charakteristische Eigenschaften

Volume

Dieser Begriff beschreibt im Sinne von Big Data das Datenvolumen. Hierbei kann gesagt werden, dass nach dem Moore'schen Gesetz sich alle 12 bis 24 Monate die Rechenleistung bzw. die Speicherkapazität verdoppelt und somit auch die vorhandene Menge an Daten. Dadurch stehen immer mehr Informationen über sämtliche Lebensbereiche zur Verfügung, die es aufzunehmen, zu interpretieren und zu analysieren gilt (Dorschel, 2015, S. 7; King, 2014, S. 35; Knorre et al., 2020, S. 6).

4

Velocity

Dieses Merkmal beschreibt die Geschwindigkeit, mit welcher die Daten entstehen und auch analysiert werden müssen, um in Echtzeit Entscheidungen treffen zu können. Dabei kann gesagt werden, dass dies zum einen von der Anzahl der Datenquellen beeinflusst wird und in einer Wechselwirkung zur Eigenschaft Volume steht. Dies verdeutlicht die schnelle Anpassungsfähigkeit, die es heutzutage zu bewältigen gilt (Dorschel, 2015, S. 7; King, 2014, S. 35; Knorre et al., 2020, S. 6).

Variety

Diese Eigenschaft kennzeichnet die Vielfalt der Datenquellen und -formate. Hierbei gilt es die vor allem große Menge an unstrukturierten Daten zu vereinheitlichen, um entsprechende Erkenntnisse daraus ziehen zu können, welches auch die Hauptaufgabe von Big Data beschreibt (Dorschel, 2015, S. 8; King, 2014, S. 35; Knorre et al., 2020, S. 6).

Veracity

Zahlreiche Autoren fügen eine vierte Charaktereigenschaft hinzu: die Richtigkeit der Daten. Hierbei geht es vor allem um die Vollständigkeit und Verlässlichkeit der Informationen. Es ist notwendig bei einer Entscheidungsfindung, sowohl die Quelle, als auch die Inhalte nachvollziehen zu können. Denn ohne entsprechender Qualität muss auch die Analyse und das Ergebnis in Frage gestellt werden (Dorschel, 2015, S. 8; King, 2014, S. 35; Knorre et al., 2020, S. 6).

Jeder Klick im Word Wide Web hinterlässt Spuren in Form von Daten. Diese werden dazu genutzt, den Kunden bei der Kaufentscheidung zu helfen, indem durch geschaltete Werbung personenspezifische Produkte und Dienstleistungen vorgestellt werden. Zahlreiche Unternehmen, darunter vor allem Amazon und Google nutzen dieses Einsatzgebiet von Big Data im großen Umfang. Durch Speicherung von Informationen wie Geschlecht, Herkunft und Suchverlauf soll der Kunde zum Kauf animiert werden. Die Daten werden vor allem durch Social-Media-Aktivitäten, Verlauf der letzten Käufe, E-Mails und aus zahlreichen weiteren Kommunikationskanälen der jeweiligen Personen gewonnen (King, 2014, S. 63 f; Knorre et al., 2020, S. 6 f). Den meisten Nutzern ist dies noch gar nicht bewusst, dass personenbezogene Daten für die Unternehmen der Wirtschaftsbranche mittlerweile ein erheblicher Wettbewerbsfaktor geworden sind. Somit stellt sich die Frage, inwiefern das menschliche Verhalten durch die Sammlung, Auswertung und Analyse dieser Menge an Informationen durch große Marken, beeinflusst wird.

3 Verhaltensänderungen der Gesellschaft durch Big Data

Dieses Kapitel beschäftigt sich nun mit der Klärung der Forschungsfrage, inwiefern Big Data einen Einfluss auf das menschliche Verhalten hat. Mit Hilfe einer Umfrage, wurde versucht, sich der zu diesem Thema bereits vorhanden Literatur anzunähern, um weitere Erkenntnisse zu diesem jungen Fachgebiet zu erhalten.

3.1 menschliches Verhalten

Um die Forschungsfrage beantworten zu können, ist in diesem Kapitel zuerst notwendig, den Begriff menschliches Verhalten zu definieren, um ein einheitliches Verständnis dafür zu entwickeln. Bei der Recherche stellte sich heraus, dass der Begriff je nach wissenschaftlichen Kontext unterschiedlich betrachtet wird. Aufgrund des Rahmens dieser Hausarbeit, wird deshalb nur ein grober Überblick der Definition erläutert. Diese ist jedoch ausreichend, um den weiteren Kontext zu verstehen.

In der Soziologie wird Verhalten als Überbegriff verstanden, worunter weitere drei Abstufungen im Sinne von Handeln, Dulden und Unterlassen unterschieden werden. Grundsätzlich handelt es sich bei einem Verhalten um einen Prozess zwischen mindestens zwei Beteiligten, welche eine Motivation oder eine Ursache voraussetzt. Der Sozialpsychologe Homans geht sogar noch einen Schritt weiter und bezeichnet Verhalten als eine Reiz - Reaktions - Abfolge. Im Sinne des Begriffs Handeln, wird den Taten oder einer bewussten Unterlassung eine gewisse Sinnhaftigkeit unterstellt (Siller, 2018; Vester, 2009, S. 45 ff.).

3.2 Berührungspunkte menschlichen Verhaltens mit Big Data

Beeinflusst Big Data wirklich das menschliche Verhalten und wenn ja, in welchen Bereichen des privaten Sektors hat Big Data bereits Einzug gehalten? Dies soll im nächsten Kapitel in den Gebieten Konsumverhalten, Privatsphäre und Datenschutz, sowie Entscheidungsbeeinflussung durch Nudging untersucht werden.

3.2.1 Konsumverhalten

Wie bereits einleitend erwähnt, verlagern sich die Aktivitäten zunehmend in das Internet. Unternehmen machen sich dies dahingehend zu Nutze, dass durch die erhobenen Daten ein entsprechendes Wissen über den Konsumenten erzeugt werden kann. Diese ergeben sich vor allem aus Social Media Netzwerken, allein durch einen Klick auf den „Gefällt – mir" Button bei Facebook oder bereits getätigter Käufe. Hierbei spiele vor allem Vorlieben und persönliche Präferenzen eine entscheidende Rolle (Mayer-Schönberger & Cukier, 2013, S. 8).

Dadurch ist es den Unternehmen möglich, gezielt Werbung für bestimmte Dienstleistungen und Produkte dem Konsumenten zu präsentieren und vorzuschlagen. Es wird versucht, das zukünftige Verhalten eines Nutzers vorherzubestimmen und sogar entsprechend zu beeinflussen. Durch die bereits erwähnte Kostensenkung der Datenverarbeitung rückt diese Vorgehen vermehrt in den Fokus und kann als Wettbewerbsvorteil angesehen werden (BMWi, 2015, S. 10 f; Esposti, 2014; Hoeren et al., 2018, S. 103; Tene & Polonetsky, 2013, S. 250 ff.).

Durch die personenbezogene Werbung wird versucht, den Kunden zum Kauf anzuregen. Des Weiteren herrscht eine gewisse Informationsasymmetrie vor. Die Unternehmen verfügen über mehr Daten und somit über die Präferenzen des jeweiligen Nutzers als umgekehrt. Dadurch können Einschätzungen über den Reservationspreis durchgeführt und diesen auf die eigenen Güter entsprechend angepasst werden. Umsätze werden zusätzlich maximiert (Tene & Polonetsky, 2013, S. 250 ff.; Hoeren et al., 2018, S. 175). Auch die Umfrage spiegelt dies wider. Denn bereits junge Menschen im Alter bis zu 29 Jahren fühlen sich gelegentlich bis oft von personalisierter Werbung im Kaufprozess beeinflusst (Berentroth, 2020, siehe Anhang Nr. 1, S. 4).

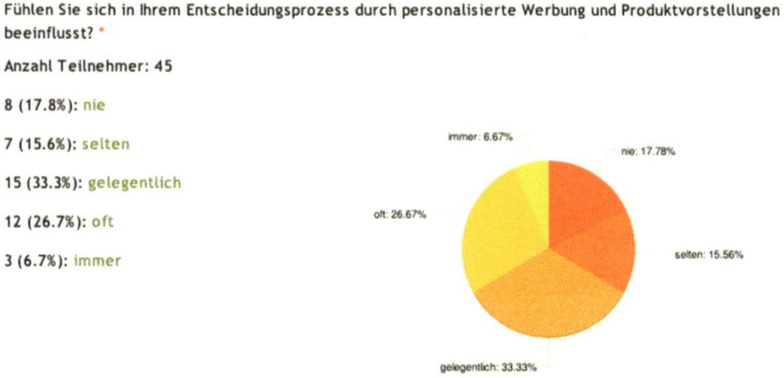

Fühlen Sie sich in Ihrem Entscheidungsprozess durch personalisierte Werbung und Produktvorstellungen beeinflusst? *
Anzahl Teilnehmer: 45
8 (17.8%): nie
7 (15.6%): selten
15 (33.3%): gelegentlich
12 (26.7%): oft
3 (6.7%): immer
immer: 6.67%
nie: 17.78%
oft: 26.67%
selten: 15.56%
gelegentlich: 33.33%

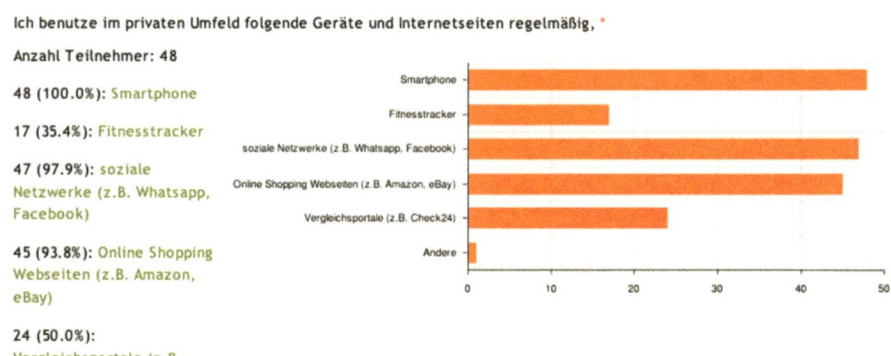

Abbildung 1: Beeinflussung im Entscheidungsprozess durch personalisierte Werbung und Produktvorstellung (Quelle: eigene Darstellung).

Auch mit Hilfe von sog. Smart Devices, wie Fitnesstracker und Digital Assistents wird versucht, das Konsumverhalten zu erhöhen und entsprechend zu beeinflussen. Die Umfrage hat gezeigt, dass über 90 % der Befragten Smartphones regelmäßig verwenden und auch in sozialen Netzwerken wie Facebook aktiv sind. Auch das Thema Online – Shopping auf den beliebten Webseiten, wie Amazon, werden oft besucht (Berentroth, 2020, siehe Anhang Nr. 1., S. 3).

Ich benutze im privaten Umfeld folgende Geräte und Internetseiten regelmäßig, *
Anzahl Teilnehmer: 48
48 (100.0%): Smartphone
17 (35.4%): Fitnesstracker
47 (97.9%): soziale Netzwerke (z.B. Whatsapp, Facebook)
45 (93.8%): Online Shopping Webseiten (z.B. Amazon, eBay)
24 (50.0%): Vergleichsportale (z.B. Check24)
Smartphone
Fitnesstracker
soziale Netzwerke (z.B. Whatsapp, Facebook)
Online Shopping Webseiten (z.B. Amazon, eBay)
Vergleichsportale (z.B. Check24)
Andere
0
10
20
30
40
50

Abbildung 2: Nutzerhäufigkeit von portablen Geräten und Internetseiten (Quelle: eigene Darstellung).

3.2.2 Privatsphäre und Sicherheit

Durch die Erhebung personenbezogener Daten, welche das Geschlecht, Wohnort, E-Mail-Adresse usw. betreffen, wird das Thema Privatsphäre und Datenschutz kontrovers diskutiert.

Zahlreiche Nutzer wissen nicht einmal, in welchen Bereichen ihre Daten erhoben werden, und falls doch, wie diese zur Weiterverarbeitung genutzt werden. Diese Intransparenz führt zunehmend zu Misstrauen. Auch die Umfrage hat ergeben, dass es mehr als der Hälfte der Befragten wichtig ist, wie ihre Daten verwendet und verarbeitet werden. (Berentroth, 2020, siehe Anhang Nr. 1, S. 4).

Mir ist es wichtig zu wissen, wie meine Daten verwendet und weiterverarbeitet werden. *

Anzahl Teilnehmer: 45

1 (2.2%): stimmt nicht

10 (22.2%): stimmt wenig

22 (48.9%): stimmt
ziemlich

12 (26.7%): stimmt sehr

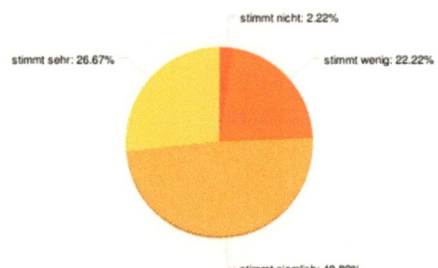

Abbildung 3: Wissen über Weiterverarbeitung der eigenen Daten (Quelle: eigene Darstellung).

Zwar regelt das 2018 verabschiedete Gesetzt der Datenschutz – Grundverordnung, kurz DSGVO, dass es eine eindeutige Einwilligung der betreffenden Personen geben muss, damit die erhobenen Daten weiterverarbeitet werden dürfen. Es wird dadurch versucht, Transparenz, Sicherheit und Vertrauen in die Verarbeitung der Daten zu fördern. Jedoch sind zahlreiche Aspekte wie das Überwachen durch Verknüpfung der Informationen zur Erstellung von Profilen, sowie die lückenlose Nachvollziehbarkeit der Erhebung, Analyse und Weiterverarbeitung der persönlichen Daten, noch nicht geklärt. Auch die in Kapitel 3.2.1 angesprochene Preisanpassung seitens der Unternehmen, welche negative Effekte für die Konsumenten mit sich bringt, wird noch diskutiert (BMWi, 2015, S. 16 f; Knorre et al., 2020, S. 32 ff.; Mayer - Schönberger & Cukier, 2013, S. 249 f.).

Mayer – Schönberger postuliert, dass durch Big Data die Strategien zum Schutz der Privatsphäre, worunter auch die Anonymisierung fällt, obsolet wurden. Wodurch sich bereits zahlreiche Konsumenten ungeschützt und verletzt fühlen (Mayer - Schönberger & Cukier, 2013, S. 254). Diesen Ansatz repräsentiert auch die Umfrage, in der sich knapp ein Drittel oft und fast 50 % gelegentlich in ihrer Privatsphäre ungeschützt fühlen (Berentroth, 2020, siehe Anhang Nr. 1, S. 3).

Es ist notwendig, dass sowohl seitens der Unternehmen, als auch der Nutzer ein Vertrauen aufgebaut und entgegengebracht wird. Nur so können beide Seiten einen Mehrwert aus der Erhebung bzw. Vergabe persönlicher Daten ziehen. Den Konsumenten muss verständlich gemacht werden, wie die technologischen Hintergründe funktionieren. Dadurch können Unsicherheiten beseitigt und die Privatsphäre geschützt werden. Erst dann stellen die Nutzer ihre Daten freiwillig und auch in ihrer Richtigkeit zur Verfügung. Vertrauen und Transparenz ist hier der Schlüssel zur einer erfolgreichen Kommunikation (BMWi, 2015, S. 17 f; Hoeren et al., S. 134 ff; Knorre et al., 2020, S. 171 ff.).

Es kann gesagt werden, dass die DSGVO eine gute Grundlage beim Thema Datenschutz bildet, aber in Bezug auf Big Data weist diese noch viele Lücken und Herausforderungen auf, die es gilt, baldmöglichst zu lösen.

3.2.3 Entscheidungsbeeinflussung durch Nudging

Durch die Sammlung von Daten verschiedener Konsumenten und durch dessen Akkumulation, wird ein Profil des Nutzers geschaffen. Anhand dessen ist es den Unternehmen mit Hilfe von Algorithmen nun möglich, sein Verhalten in eine gewünschte Richtung zu beeinflussen. Dieses Vorgehen wird auch als „Nudging" bezeichnet. (von Grafenstein et al., 2018, S, 17; Hoeren et al., 2018, S. 173 f; Waidner, 2015, S. 26).

Wichtig hierbei zu erwähnen ist, dass diese Beeinflussung ohne jeglichen Zwang oder monetäre Anreize geschieht. In einer Studie des Bundesministerium für Bildung und Forschung unterteilt sich der Prozess der Verhaltensbeeinflussung auf Basis von Big Data in drei Phasen:

Information Gathering: hierunter kann die Grundlage der Beeinflussung verstanden werden, welche durch die Erhebung und Sammlung von Informationen zustande kommt. Zentrale Fragen sind hierbei, welche Daten entscheidend sind und welche Annahmen über menschliches Verhalten daraus geschlossen werden können (von Grafenstein et al., 2018, S, 20 ff.)

Die nächste Phase entspricht dem **Standard Setting**. Hierbei wird die Methode festgelegt, wodurch der Konsument oder Nutzer zum gewünschten Verhalten geführt werden sollen. Wichtig ist, bereits vor der bewussten Beeinflussung das Ziel festzulegen, welche Handlung von der Person nach Einsatz entsprechender Instrumente gewünscht wird, wie zum Beispiel der Kauf eines bestimmen Produktes (von Grafenstein et al., 2018, S, 20 ff.).

Die dritte Phase entspricht dem **Behaviour Modification**. Diese Ebene führt die gezielte Beeinflussung, bzw. das Nudging, durch. Es werden die bereits zuvor definierten Anreize gesetzt. Nach dieser Phase kann gesagt werden, ob der Einfluss zum gewünschten Verhalten geführt hat und der Konsument zu einer Handlung mit Hilfe der eingesetzten Mittel geführt worden ist. (von Grafenstein et al., 2018, S, 20 ff.).

3.3 Chancen und Risiken gesteuerter Verhaltensänderung

Das vorangegangen Kapitel hat gezeigt, dass durch Big Data gestützte Informationen, auf Menschen im privaten Bereich auf mehreren Ebenen versucht wird, Einfluss zu nehmen. Nun soll abschließend noch ein kurzer Einblick in die Chancen und Risiken gegeben werden, welche dadurch entstehen.

3.3.1 Risiken in Verbindung mit Big Data

Wie bereits in Kapitel 3.2.2 ausführlich erläutert, stellt das Thema Datenschutz und Privatsphäre noch ein großes Risiko da. Daneben gibt es jedoch weitere Gebiete, die bisher noch ohne ausreichende Klärung, Gefahren für die Gesellschaft, aber auch für die Unternehmen, bergen.

Zum einen wäre hier eine mögliche Diskriminierung zu nennen. Zwar beschäftigen sich vor allem in den Vereinigten Staaten zahlreiche Studien mit diesem Thema, jedoch kann noch keine eindeutige Aussage dazu getroffen werden. Sicher gesagt werden kann aber, dass durch die Erstellung von Profilen und aus den gewonnen Erkenntnissen aus personenbezogenen Daten, es zu möglichen negativen Effekten für bestimmte Personenkreise kommen kann. In der Kritik steht, dass Big Data gestützte Instrumente Frauen, Personen mit einem geringen Gehalt, aber auch Menschen bestimmter Hautfarben oder Religionen bewusst benachteiligen. Die größte Herausforderung zur Untersuchung, ob eine Diskriminierung vorliegt oder nicht, besteht derzeit noch bei den unzureichenden Indikatoren und der fehlenden Transparenz seitens der Big Data Anwendungen (Hoeren et al., 2018, S 198 ff; Knorre et al., 2020, S. 33; von Grafenstein et al., 2018, S. 95).

Ein weiteres Risiko, das in Verbindung mit Big Data steht, ist die Informationsmacht. Eine Studie des Bundesministeriums für Forschung und Bildung hat dies genauer untersucht. Zwar kann gesagt werden, dass durch bewusstes Nudging des Verbrauchers, derzeit noch kein körperlicher, finanzieller oder psychischer Schaden hervorgerufen wird. Jedoch steigen die Fähigkeiten und Kapazitäten der Unternehmen, Informationen zu verarbeiten und entsprechend ihrer Umwelt darauf leistungssteigernd zu agieren. Die Schnelligkeit und Effizienz wird weiter steigen. Somit besteht die Gefahr, die daraus resultierende Macht dahingehend auszunutzen, um nicht nur die Gesellschaft, sondern auch die Wirtschaft zum eigenen Nutzen zu manipulieren.

Des Weiteren entsteht dadurch ein Gefälle der Macht zwischen Unternehmen und Kunden. Dies resultiert schlussendlich darin, dass Nutzer, z.b. bei der Wahl einer Suchermaschine nur wenige Alternativen zur Verfügung haben (Hoeren et al., 2018, S. 212 ff.; von Grafenstein et al., 2018, S. 46 f).

3.3.2 Chancen und Möglichkeiten

Neben all den Risiken, welche in Verbindung mit Big Data stehen, kann die Sammlung, Analyse und Interpretation von Daten der jeweiligen Nutzer aber auch positive Aspekte hervorbringen.

Zum einen wäre da die Gesundheitsbranche zu nennen. Mit Hilfe von sog. Wearables oder Fitness- und Gesundheitsapps, werden Informationen über körperliche Fitness, Ernährungsverhalten und sogar über das Schlafverhalten generiert. Hierbei kann der Konsument dahingehend positiv beeinflusst werden, seine Körperdaten zu verbessern, sei es durch sportliche Betätigung oder einem gesünderen Lebensstil. Zusätzlich bieten diese Anwendungen die Möglichkeit, sich mit andren Personen zu vergleichen, wodurch ebenfalls ein positiver Einfluss ausgeübt werden kann (Mayer - Schönberger & Cukier, 2013, S. 155 ff.; von Grafenstein, 2018, S. 28).

Daneben bietet Big Data die Chance, in der medizinischen Forschung, genauere Vorhersagen, z.B. über eine bevorstehende Grippewelle, treffen zu können. Darauf aufbauend kann entsprechend die medizinische Versorgung, in Form von Impfstoffen, optimal angepasst werden. Eine weitere Möglichkeit ist die personalisierte Behandlung. Beispielhaft wäre hier das Vorgehen zu nennen, in der alle verfügbaren Informationen des Patienten mit sämtlichen Fachbeiträgen und medizinischen Versorgungsmöglichkeiten abgeglichen wird, um die optimale Behandlungsmethode zu wählen (Hoeren et al., 2018, S. 32 f.; von Grafenstein, 2018, S. 12,55).

Einen weiterer Bereich, im dem Big Data Analysen zum Vorteil genutzt werden können, wäre in der Polizeiarbeit. Bei dem sog. Predictive Policing wird davon ausgegangen, dass Verbrechen, wie kleine Delikte, aber auch größere Straftaten, einem bestimmten Verhaltensmuster folgen. Mit Hilfe von Algorithmen werden hier Täterprofile mit bereits vorhanden Informationen z.b. über Herkunft und bereits begangenen Delikten, kombiniert. Dies stellt die Basis für die Wahrscheinlichkeitsrechnung, um zu eruieren, ob es wiederholt zu einer Straftat kommen kann. Dadurch werden Vorhersagen ermittelt, die ein weiteres Vergehen verhindern soll (Hoeren et al., 2018, S. 34; Mayer - Schönberger & Cukier, 2013, S. 259 ff.; Waidner, 2015, S. 13f.). Diese Vorgehensweise ist zwar noch sehr umstritten, z.b. in Bezug auf Einschränkung der Freiheit durch Überbewachung. Zudem steckt dies, vor allem in den USA und bereits in Deutschland, noch in den Kinderschuhen.

Diese beiden Beispiele sollen nur einen kleinen Einblick geben, welche Möglichkeiten und daraus resultierende Vorteile auch Big Data für die Gesellschaft haben kann. Weitere Ausführungen sind im Rahmen dieser Hausarbeit nicht möglich.

4 Ausblick und Zusammenfassung

Beeinflusst Big Data das menschliche Verhalten? Diese Fragestellung zu beantworten, ist sehr komplex. Neben der Tatsache, dass Big Data noch ein junges Forschungsgebiet darstellt und die Arbeitsweise der Instrumente und Methoden nicht transparent nachvollzogen werden können, erschweren dies. Des Weiteren ist das menschliche Handeln sehr individuell und kann nicht anhand von Zahlen und Fakten explizit gemessen werden. Des Weiteren verlaufen Entscheidungen oft unbewusst ab, wodurch es schwer fällt, alle Risiken zum derzeitigen Forschungsstand vollständig aufzudecken. Deshalb wurde versucht, sich dieser Thematik mit Hilfe von Literaturnachweisen, Studien und einer Umfrage anzunähern.

Es kann gesagt werden, dass durch das Sammeln, Auswerten und Interpretieren der erhobenen Daten, ein Profil des Konsumenten mit dessen Vorlieben und persönlichen Merkmalen erstellt werden kann. Daraufhin ist es den Unternehmen möglich, entsprechende Produkte und Dienstleistungen als Werbung auf den Webseiten zu schalten. Ziel hierbei ist es, den Kunden zum Kauf anzuregen, um den Profit zu steigern. Neben dieser Beeinflussung kann der Nutzer aber auch in seinen Einstellungen und Werten gesteuert werden. Das sog. Nudging ist jedoch sehr umstritten und es ist fraglich, ob solch ein Verhalten der Wirtschaft, aber auch der Politik, zu Diskriminierung einzelner Gruppen führt. Ebenso ist noch Klärungsbedarf bei dem Thema Datenschutz und Privatsphäre.

Es wird zwar schwierig sein, einen einheitlichen Konsens zu finden, jedoch gibt es bereits zahlreiche Ansätze, um sowohl den Konsument, als auch die Unternehmen entsprechend zu schützen und einen Handlungsrahmen zu ermöglichen.

Insgesamt birgt das Thema sowohl Risiken, als auch Chancen. Es müssen effektive Maßnahmen zur Eindämmung der Gefahren auf den Weg gebracht werden und gleichzeitig das Potential von Big Data, wie z.B. im Gesundheitswesen, weiter ausgeschöpft werden. Denn nur so können wir davon profitieren.

5 Literaturverzeichnis

Berentroth, Y.(2020). Umfrage: Beeinflusst Big Data das menschliche Verhalten. Siehe Anhang Nr. 1.

BMWi. (2015). *Leitlinien für den Big-Data - Einsatz im Überblick - Chancen und Verantwortung.* Verfügbar unter: https://www.digitale-technologien.de/DT/Redaktion/DE/Downloads/Publikation/Smart_Data_Positionspapier_BigData_Leitlinien.html (2.2.2021).

Degli-Esposti, S. (2014). *When big data meets dataveillance: The hidden side of analytics.* Surveillance & Society, *12*, 209–225. (08.02.2021).

Dorschel, J. (2015). *Praxishandbuch Big Data - Wirtschaft – Recht – Technik.* Wiesbaden: Springer Gabler.

von Grafenstein, M., Hölzel, J., Irgmaier, F. & Pohle, J. (2018). *Nudging: Regulierung durch Big Data und Verhaltenswissenschaften.* Verfügbar unter: https://www.hiig.de/activity/nudging-regulierung-durch-big-data-und-verhaltenswissenschaften-3/ (8.2.2021).

Hoeren, T., Heil, R., Orwat, C. & Kolany-Raiser, B. (2018). *Big Data und Gesellschaft: Eine multidisziplinäre Annäherung.* Wiesbaden: Springer Fachmedien.

King, S. (2014). *Big Data. Potential und Barrieren der Nutzung im Unternehmenskontext.* Wiesbaden: Springer Fachmedien.

Knorre, S., Müller-Peters, H. & Wagner, F. (2020). *Die Big-Data-Debatte Chancen und Risiken der digital vernetzen Gesellschaft.* Wiesbaden: Springer Fachmedien.

Kolany-Raiser, B., Heil, R., M. A., Orwat, C. & Hoeren, T. (2019). *Big Data: Gesellschaftliche Herausforderungen und rechtliche Lösungen.* München: Verlag C.H.Beck.

Mayer-Schönberger, V. & Cukier, K. (2013). *Big Data: Die Revolution, die unser Leben verändern wird.* München: FinanzBuch Verlag.

Michael Waidner. (2015). *Chancen durch Big Data und die Frage des Privatsphärenschutzes.*

Verfügbar unter: https://www.sit.fraunhofer.de/fileadmin/dokumente/studien_und_technical_reports/Big-Data-Studie2015_FraunhoferSIT.pdf (02.02.2021).

Prof. (FH) Mag. Dr. Helmut Siller, Ms. (2018). Definition: Verhalten. Springer Fachmedien Wiesbaden GmbH. Verfügbar unter: https://wirtschaftslexikon.gabler.de/definition/verhalten-53405 (2.2.2021).

Tene, O. & Polonetsky, J. (2013). *Big Data for All: Privacy and User Control in the Age of Analytics.* Northwestern Journal of Technology and Intellectual Property, *11* (5), 239 (08.02.2021).

Vester, H.-G. (2009). *Kompendium der Soziologie I: Grundbegriffe.* Wiesbaden: VS Verlag für Sozialwissenschaften.

6 Anhang

Beeinflusst Big Data das menschliche Verhalten?

1. Welches Geschlecht haben Sie? *

   Anzahl Teilnehmer: 48

   22 (45.8%): männlich

   26 (54.2%): weiblich

   - (0.0%): divers

2. Wie alt sind Sie? *

   Anzahl Teilnehmer: 48

   19 (39.6%): 18 - 29 Jahre

   26 (54.2%): 30 - 49 Jahre

   2 (4.2%): 50 - 64 Jahre

   1 (2.1%): 64 oder älter

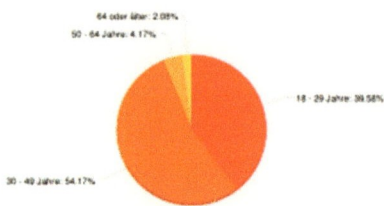

3. Welches ist Ihr höchster Bildungsabschluss? *

Anzahl Teilnehmer: 48

- (0.0%): kein Abschluss

1 (2.1%):
Hauptschulabschluss

5 (10.4%):
Realschulabschluss

17 (35.4%): Abitur /
Fachhochschulreife

6 (12.5%): Weiterbildung
(Fachwirt / Betriebswirt)

19 (39.6%): Akademischer
Grad (Bachelor / Master /
Dr. /usw.)

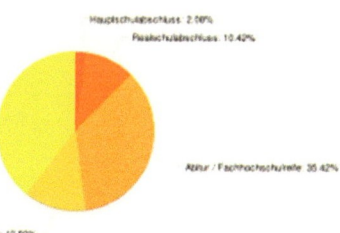

4. Haben Sie schon einmal den Begriff Big Data im Bezug auf personenbezogene Daten gehört? *

Anzahl Teilnehmer: 48

10 (20.8%): Ja, kann mir
aber nichts darunter
vorstellen.

33 (68.8%): Ja, bin
bereits darüber
informiert.

5 (10.4%): Nein, ich habe
diesen Begriff noch nie
gehört.

5. Ich benutze im privaten Umfeld folgende Geräte und Internetseiten regelmäßig. *

Anzahl Teilnehmer: 48

48 (100.0%): Smartphone

17 (35.4%): Fitnesstracker

47 (97.9%): soziale
Netzwerke (z.B. Whatsapp,
Facebook)

45 (93.8%): Online Shopping
Webseiten (z.B. Amazon,
eBay)

24 (50.0%):
Vergleichsportale (z.B.
Check24)

1 (2.1%): Andere

Antwort(en) aus dem
Zusatzfeld:

- Div.
Kommunikationsplattformen

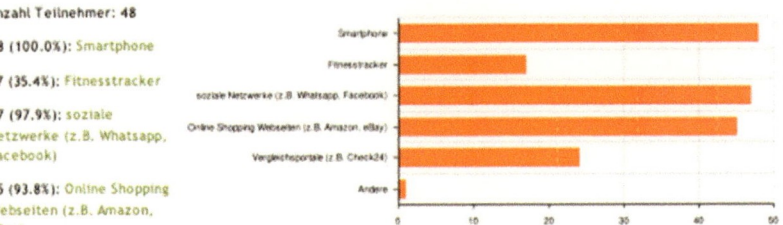

6. Ich fühle mich durch die Verarbeitung meiner personenbezogenen Daten in meiner Privatsphäre ungeschützt. *

Anzahl Teilnehmer: 45

3 (6.7%): nie

9 (20.0%): selten

20 (44.4%): gelegentlich

12 (26.7%): oft

1 (2.2%): immer

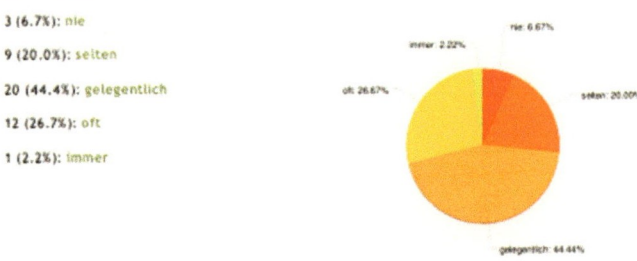

19

7. Mir ist es wichtig zu wissen, wie meine Daten verwendet und weiterverarbeitet werden. *

   Anzahl Teilnehmer: 45

   1 (2.2%): stimmt nicht

   10 (22.2%): stimmt wenig

   22 (48.9%): stimmt
   ziemlich

   12 (26.7%): stimmt sehr

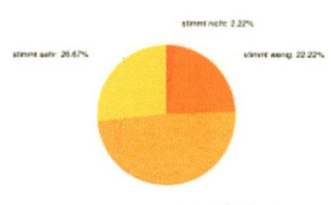

8. Fühlen Sie sich in Ihrem Entscheidungsprozess durch personalisierte Werbung und Produktvorstellungen beeinflusst? *

   Anzahl Teilnehmer: 45

   8 (17.8%): nie

   7 (15.6%): selten

   15 (33.3%): gelegentlich

   12 (26.7%): oft

   3 (6.7%): immer

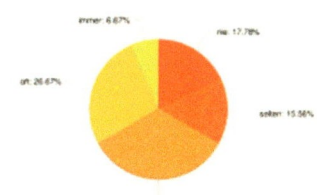

9. Mir ist die Erhebung und Weiterverarbeitung meiner persönlichen Daten durch die Unternehmen bewusst. *

   Anzahl Teilnehmer: 45

   0 = total unbewusst
   100 = total bewusst

   Arithmetisches Mittel: 72,67

   Mittlere absolute Abweichung: 23,91

   Standardabweichung: 30,78

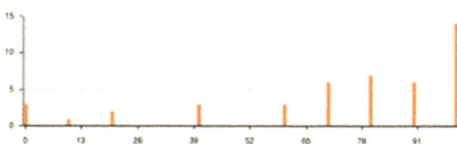

10. Ich sehe die Erhebung personenbezogener Daten als Chance bessere Vorhersagen und Prognosen in der Gesellschaft treffen zu können. "

Anzahl Teilnehmer: 45

0 = stimme ich absolut nicht zu
100 = stimme ich sehr zu

Arithmetisches Mittel: 55,33

Mittlere absolute Abweichung: 25,87

Standardabweichung: 31,09

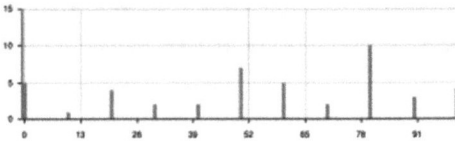

BEI GRIN MACHT SICH IHR WISSEN BEZAHLT

- Wir veröffentlichen Ihre Hausarbeit,
  Bachelor- und Masterarbeit

- Ihr eigenes eBook und Buch -
  weltweit in allen wichtigen Shops

- Verdienen Sie an jedem Verkauf

Jetzt bei www.GRIN.com hochladen und kostenlos publizieren